Peeter Torop

LA SEMIOTICA DELLA CULTURA

Introduzione alla scuola di Tartu fondata da Lotman

a cura di Bruno Osimo

Bruno Osimo è un autore/traduttore che si autopubblica

La stampa è realizzata come print on sale da Kindle Direct Publishing

ISBN 9791281358201 per l'edizione cartacea
ISBN 9791281358218 per l'edizione elettronica

Contatti dell'autore-editore-traduttore: osimo@trad.it

Sommario

Prefazione **5**

La semiotica della cultura **11**

Introduzione 13

Primi sviluppi **16**

Semiotica della cultura 42

Argomenti correlati 69

Letture supplementari 71

Riferimenti bibliografici 74

Dello stesso editore 81

Prefazione

Peeter Torop, ordinario di semiotica all'Università di Tartu, è stato allievo di Jurij Lotman, e nel 1996 gli è succeduto a capo della prestigiosa cattedra. È quindi la persona più adatta per tracciare un profilo sintetico introduttivo della più importante scuola semiotica del mondo, denominata appunto «semiotica della cultura».

Peeter Torop si è laureato in filologia russa nel 1974 presso l'Università di Tartu e ha ottenuto un dottorato di ricerca nel 1995 presso l'Università di Helsinki. Dopo essersi laureato ha intrapreso la professione di assistente presso la facoltà di filosofia nel Dipartimento di lingua e letteratura russa e slava fino al 1976; nello stesso anno è diventato docente, continuando questa professione fino al 1992. Dal 1990 al 1996 è stato lettore universitario presso l'Università di Helsinki nel Dipartimento di Lingue Slave e Baltiche, e dal 1992 al 1996 lettore presso la Facoltà di scienze sociali ed istruzione dell'Università di Tartu, dove è poi diventato professore associato fino al 1997. Nei due anni successivi ha insegnato alla facoltà di Pedagogia di Tallinn, e dal 1998 al 2003 è tornato ad insegnare presso la facoltà di scienze sociali ed istruzione dell'Università di Tartu, dove è tuttora professore di filosofia nel Dipartimento di Semiotica, di cui è stato il responsabile dal 1997 al 2006.

Tra le sue opere principali: *La scuola di Tartu come scuola* (1994); *La traduzione totale* (1995); *Dostoevskij: storia e ideologia* (1997) [1]; e *The position of translation in translation studies* (1997); "Segni culturali" 1999 "Traduzione e cultura" 2011 (in estone).

Per suggerimenti, dubbi, curiosità, critiche scrivetemi a osimo@trad.it

Bruno Osimo

Deiva Marina, 31 luglio 2023

La semiotica della cultura

Introduzione

Ci sono tre modi di interpretare il concetto di «semiotica della cultura». Innanzitutto, si può fare riferimento ad uno strumento metodologico che può essere riconosciuto simultaneamente in discipline umanistiche e scienze sociali diverse. Può anche essere considerato un concetto che definisce i diversi metodi per analizzare vari aspetti della cultura in quanto oggetto di ricerca nella semiotica teorica e applicata; e per finire, come una delle sottodiscipline degli studi di semiotica e di culturologia. Nell'ultimo caso la semiotica della cultura presenta una visione olistica della cultura e delle caratteristiche della disciplina.

Primi sviluppi

La semiotica della cultura è uno dei campi della semiotica che sta ancora cercando una sua identità disciplinare, e lo fa da più di quarant'anni. La scuola di Tartu-Mosca è entrata nella scena accademica internazionale nel 1973 quando Lotman, Ivanov, Toporov, Pjatigorskij e Uspenskij pubblicarono collettivamente le loro programmatiche Tesi sullo studio semiotico delle culture. Queste tesi hanno posto le basi per fare della semiotica della cultura una disciplina a sé stante, il cui scopo principale era lo studio «della correlazione funzionale dei diversi sistemi segnici. Da questo punto di vista assumono un['importanza] particolare i problemi relativi alla struttura gerarchica dei linguaggi della cultura».

Ogni cultura è caratterizzata da una relazione unica tra sistemi di segni, e perciò, nell'analizzare qualsiasi cultura, è importante comprenderne l'evoluzione storica. Lotman, nelle sue memorie, ha scritto: «Non mi è possibile tracciare una linea netta che definisca dove una descrizione storica finisce e dove inizia la semiotica». Particolare attenzione va prestata al sottotitolo empiricamente orientato delle Tesi: «in applicazione ai testi slavi». Le pubblicazioni in traduzione inglese hanno seguito lo stesso principio: *The Semiotics of Russian Culture* (Lotman e Uspenskij 1984) e *The Semiotics of Russian Cultural History* (Lotman, Ginzburg, Uspenskij 1985).

Lo studio di una cultura unica rende necessaria l'elaborazione di nuovi metodi di ricerca, e quindi, lo studio di qualsiasi nuova cultura arricchisce anche la scienza stessa. Da ciò discende che la cultura russa, la cultura estone, o la cultura cinese sono ciascuna ugualmente preziose per la scienza, e ognuna di loro fornisce un apporto alla comprensione della cultura umana in quanto tale. È tramite questo genere di approccio che una scienza generale della cultura può evolversi. La scuola di Tartu-Mosca non rappresenta un sistema unificato di conoscenza nell'ambito della semiotica della cultura. Tuttavia, Jurij Lotman stava cercando di trovare una sintesi disciplinare, fatto che è stato notato per primo da Karl Eimermacher che ha intitolato la sua introduzione della raccolta tedesca delle opere di Jurij Lotman Ju. M. Lotman. *Bemerkungen zu einer Semiotik als integrativer Kulturwissenschaft* (Eimermacher 1974) ('J. M. Lotman. Osservazioni riguardanti una semiotica quale scienza integrata della cultura'). 'Integrata' è un termine appropriato, che tiene conto della posizione particolare assunta da Lotman negli studi tipologici della cultura.

Dal punto di vista storico, la semiotica della cultura ebbe origine dal periodo della diffusione di idee semiotiche dopo le morti di Peirce (1914) e de Saussure (1915). La seconda fase fu rappresentata dalla creazione di teorie generali del linguaggio (Bühler,

Hjelmslev, Circolo linguistico di Praga, Chomsky), della letteratura (Propp, Tynjanov, Bahtin), e della cultura (Malinowski, White, Cassirer, Geertz). La terza fase segnò lo sviluppo interdisciplinare di vari campi negli studi umanistici (Lévi-Strauss, Barthes, Todorov, Kristeva, Wiener, Eco, Lotman, eccetera) e nella semiotica (Morris, Koch, Winner, Portis-Winner). Le loro aspirazioni possono essere riassunte nel desiderio di capire il linguaggio e la cultura nel modo più sistematico possibile, e di fondere in questa comprensione metodi quantitativi e qualitativi. La prima funzione caratteristica della semiotica della cultura è che in quest'ambiente cercò di essere innovativa sia a livello di linguaggio oggetto sia a livello di metalinguaggio, e di offrire dunque nuovi modi per definire l'oggetto di studio della cultura, e usare nuovi linguaggi di descrizione (non solo un linguaggio universale) per eseguire un'analisi della cultura. Come risultato di tutto questo, la progressiva affermazione della semiotica della cultura significò anche l'introduzione di una nuova metodologia.

La semiotica della cultura è stata strettamente legata allo sviluppo della semiotica generale. Questo si vede, ad esempio, nel tentativo di Roman Jakobson di creare una nuova scienza con tre diversi livelli disciplinari:

(1) studio della comunicazione di messaggi verbali = linguistica;

(2) studio della comunicazione di qualsiasi tipo di messaggio = semiotica (compresa la comunicazione di messaggi verbali);
(3) studio della comunicazione = antropologia sociale con economia (compresa la comunicazione di messaggi) (Jakobson 1971 [1976]:666).

Jakobson ha dimostrato per la prima volta il suo modello di comunicazione verbale (vedi Figura 1) nel 1956 nel suo articolo Il metalinguaggio come problema linguistico (1985a [1956]).

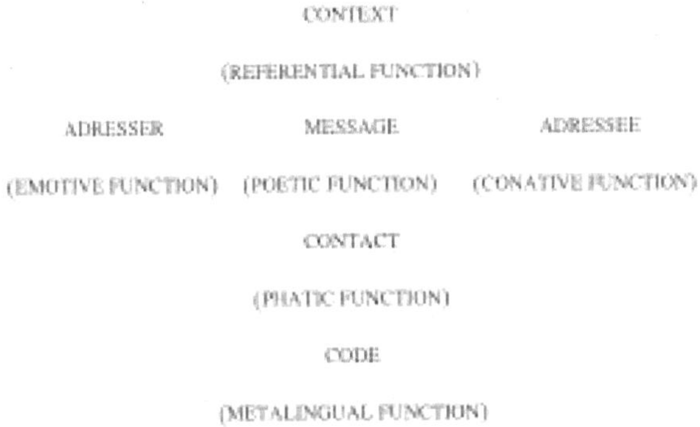

CONTEXT

(REFERENTIAL FUNCTION)

ADRESSER	MESSAGE	ADRESSEE
(EMOTIVE FUNCTION)	(POETIC FUNCTION)	(CONATIVE FUNCTION)

CONTACT

(PHATIC FUNCTION)

CODE

(METALINGUAL FUNCTION)

Figura 12.1 Modello di comunicazione di Jakobson

Da una parte, il modello presentato lega i propri componenti alle varie funzioni del linguaggio: «Il linguaggio dev'essere studiato in tutte le varietà delle sue funzioni» (Jakobson 1985a [1956]:113). D'altra parte, assieme alle varie funzioni del linguaggio, per

Jakobson è anche importante distinguere due principali livelli di linguaggio – il livello del linguaggio oggetto e il livello del metalinguaggio: «Su questi due diversi livelli di linguaggio può essere usato lo stesso materiale verbale; pertanto possiamo parlare in inglese (in quanto metalinguaggio) a proposito dell'inglese (in quanto linguaggio oggetto) e interpretare parole e frasi inglesi attraverso sinonimi e perifrasi inglesi» (1985a [1956]:117). L'attualizzazione del concetto di metalinguaggio come «problema intimamente linguistico» (Jakobson 1985a [1956]:121), che emerge dalla logica jakobsoniana, è importante per una comprensione degli aspetti psicologici, così come di quelli

linguistici e culturali della funzionalità del linguaggio.
Jakobson inizia dall'aspetto metalinguistico dello sviluppo linguistico di un bambino: «Il metalinguaggio è il fattore essenziale di qualsiasi sviluppo verbale. L'interpretazione di un segno linguistico attraverso altri segni, per certi aspetti omogenei, della stessa lingua, è un'operazione metalinguistica che gioca un ruolo fondamentale nell'apprendimento linguistico di un bambino» (Jakobson 1985a [1956]:120). Ma lo sviluppo di un bambino corrisponde allo sviluppo di un'intera cultura. Perché una cultura si sviluppi, è primario che il suo linguaggio naturale soddisfi tutti i presupposti per la descrizione di

fenomeni estranei o nuovi e allo stesso modo assicuri non solo la capacità dialogica ma anche la creatività e l'integrità della cultura, la sua identità culturale: «un costante ricorso al metalinguaggio è indispensabile sia per un'assimilazione creativa della lingua madre sia per giungere a padroneggiarla» (Jakobson 1985a [1956]:121). Il concetto stesso di metalinguaggio si rivela importante sia a livello di linguaggi scientifici sia a livello di comunicazione quotidiana.

Jakobson ha una visione gerarchica del processo di comunicazione, perciò una comprensione del suo modello di comunicazione deve fondarsi non tanto su una base statica e teorica, ma piuttosto su una base dinamica ed empirica. Nel suo articolo, Jakobson invita a tener conto della specificità di ogni atto di comunicazione e vede quindi nell'atto di comunicazione una gerarchia, non solo di funzioni linguistiche ma anche semiotiche: «Le principali funzioni del linguaggio – referenziale, emotiva, conativa, fatica, poetica e metalinguistica – e la loro diversa gerarchia nei vari tipi di messaggi sono state delineate e ripetutamente discusse. Questo approccio pragmatico al linguaggio deve condurre mutatis mutandis ad un analogo studio degli altri sistemi semiotici: "di quali di queste o altre funzioni sono dotati, in quali combinazioni e in quale ordine gerarchico"?» (Jakobson 1971d [1968]:703). Gli aspetti linguistici e semiotici della comunicazione sono correlati e su queste basi Jakobson distingue due discipline dal punto di vista semantico – una scienza dei segni verbali o linguistica e una scienza di tutti i segni possibili o semiotica (Jakobson 1985b [1974]:99). Alcune attività in semiotica e in semiologia sono interpretabili come parallele al pensiero jakobsoniano. Secondo Lévi-Strauss la linguistica ha un valore metalinguistico per l'antropologia:

come scienza 'semeiologica', l'antropologia si volge verso la linguistica. Anzitutto perché solo la conoscenza della lingua permette di penetrare in un sistema di categorie logiche e di valori morali diversi da quelli dell'osservatore; secondariamente perché la linguistica, più di qualsiasi altra scienza, può insegnargli come passare dalla considerazione di elementi in sé stessi privi di significato, alla considerazione di un sistema semantico e mostrargli come quest'ultimo può essere costruito sulla base del primo. È forse soprattutto questo il problema del linguaggio e, attraverso ed oltre questo, il problema della cultura in generale (1963:368).

Lévi-Strauss dimostra una propensione nel trovare analogie tra lingua e parti della cultura:

Si intravedono allora nuove prospettive. Non abbiamo più a che fare con una collaborazione occasionale dove il linguista e l'antropologo, ognuno lavorando da solo, si comunicano occasionalmente quelle scoperte che ognuno pensa potrebbero interessare all'altro. Nell'analisi dei problemi di parentela (e, senza dubbio, anche nell'analisi di altri problemi), l'antropologo si trova in una situazione che assomiglia formalmente a quella del linguista strutturale. Come i fonemi, i termini di parentela sono elementi di significato; come i fonemi acquisiscono significato solo se sono integrati in un sistema. I 'sistemi di parentela', così come i 'sistemi fonemici', sono costruiti dalla mente a livello di pensiero inconscio. Per finire, la ricorrenza di schemi di parentela, norme sul matrimonio, e atteggiamenti simili prescritti tra certi tipi di parenti, e via dicendo, in aree sparpagliate del mondo e in società fondamentalmente diverse, ci porta a credere che, nel caso delle parentele così come nella linguistica, i fenomeni osservati risultano dall'azione di leggi che sono generali ma implicite. Il problema può pertanto essere formulato come segue: sebbene appartengano a un altro ordine di realtà, i fenomeni di parentela sono dello stesso tipo dei fenomeni linguistici (1963:34).

Barthes, che sognava anche lui una nuova scienza, differenziò linguaggi di primo e di secondo ordine e allargò le frontiere della linguistica: «In effetti, dobbiamo adesso considerare la possibilità di invertire la dichiarazione di Saussure: la linguistica non è parte della scienza generale dei segni, persino una parte privilegiata, è la semiologia ad essere parte della linguistica: per essere precisi, è quella parte che copre le vaste unità di significato del discorso. Con quest'inversione, possiamo aspettarci di portare alla luce l'unità della ricerca che sta oggigiorno avendo luogo in antropologia, sociologia, psicoanalisi e stilistica attorno al concetto di significazione» (1967:11). Il linguaggio, nel contesto di questa logica, è sia linguaggio oggetto sia metalinguaggio:

Pertanto, benché lavorando all'inizio su materiale non linguistico, viene prima o poi richiesto di trovare una lingua (nel senso ordinario del termine) nel proprio percorso, non solo come modello, ma anche come componente, ponte o signifié. Ciò nonostante, una tale lingua non è esattamente quella del linguista: è un linguaggio di secondo ordine, con le sue unità non più monemi o fonemi, ma frammenti più grandi di discorso che si riferiscono a oggetti o episodi il cui significato sottolinea il linguaggio, ma non può mai esistere indipendentemente da esso. La semiologia è quindi forse destinata a essere assorbita in una translinguistica, i cui materiali possono essere mito, narrazione, giornalismo, o d'altra parte oggetti della nostra civiltà, fin quando sono parlati (attraverso stampa, prospetti, interviste, conversazioni e forse perfino linguaggio interno, che è governato dalle leggi dell'immaginazione) (Barthes 1967:10-11).

Gli anni Sessanta sono stati caratterizzati dalla ricerca di analogie tra lingua e diversi artefatti culturali per permetterne una migliore analizzabilità. Barthes è stato molto influente in questo tipo di pensiero metodologico: «Dovremmo pertanto ipotizzare che esiste una categoria generale di linguaggio/discorso, che comprende tutti i sistemi di segni; siccome non ce n'è uno migliore, dovremmo tenere il termine linguaggio/discorso, anche quando è applicato a comunicazioni il cui materiale non è verbale» (1967:25). Rappresentativo di questo approccio è anche il libro di Metz Semiologia del cinema: saggi sulla significazione del cinema (1972) dove l'autore, per esempio, trova un'analogia tra inquadrature ed enunciati.

Nello stesso periodo, è stato pubblicato il libro di Umberto Eco Trattato di semiotica generale (1975). Nella prefazione, che data agli anni 1967-74, Eco distingue due teorie: una teoria dei codici e una teoria della produzione segnica (1975:6). Eco non ha pensato alla semiotica della cultura come disciplina, ma la cultura è stata concettualizzata come oggetto di ricerca importante della semiotica:

Mirare alla cultura nella sua globalità sub specie semiotica non vuole ancora dire che la cultura tutta sia solo comunicazione e significazione, ma vuol dire che la cultura nel suo complesso può essere capita meglio se la si affronta dal punto di vista semiotico … ogni aspetto della cultura può diventare … un'entità semantica. [Le leggi della significazione sono le leggi della cultura. Per questa ragione la cultura permette un processo continuo di scambi comunicativi nella misura in cui sussiste come sistema di sistemi di significazione (Eco 1977:27-28)] La cultura può dunque essere integralmente studiata sotto il profilo semiotico (Eco 1975:42-43).

Fu anche il periodo in cui ci fu un passaggio dalle descrizioni tipologiche delle lingue alle descrizioni della tipologia generale della cultura. Secondo Lotman, la tipologia della cultura dovrebbe essere basata sugli universali della cultura. La caratteristica più universale delle culture umane è il bisogno di autodescrizione. Ogni cultura ha i propri mezzi specifici per farlo, i propri linguaggi di descrizione. I linguaggi descrittivi facilitano la comunicazione culturale, perpetuano l'esperienza culturale, e modellizzano la memoria culturale. La coerenza della cultura è basata proprio sulla ripetizione e l'interpretazione delle stesse cose. Più linguaggi descrittivi una cultura possiede, più quella cultura è ricca. Di conseguenza, ogni cultura è descrivibile come una gerarchia di linguaggi oggetto e linguaggi descrittivi, dove il linguaggio oggetto iniziale è una cosiddetta lingua di casa ed è circondata da sistemi semiotici legati a tecniche corporee e a rituali quotidiani. Dal punto di vista delle esperienze culturali quotidiane, ci sono certe lingue della cultura che possono svolgere entrambe le funzioni, sia quella di linguaggio oggetto sia quella di metalinguaggio (illustrati nella Figura 2).

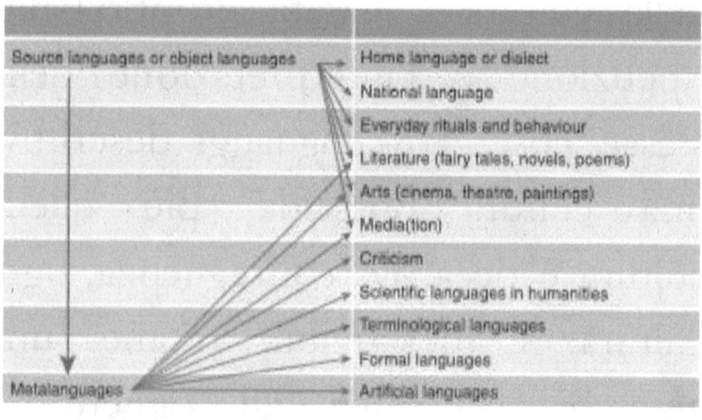

Figura 2 Gerarchia dei linguaggi oggetto e descrittivi

Mentre lingua di casa, lingua nativa e rituali quotidiani in quanto mediazione semiotica sono linguaggi oggetto, le esperienze della letteratura, dell'arte e dei media possono essere sia linguaggi oggetto sia metalinguaggi, a seconda della loro posizione nella e del loro impatto sulla vita di una persona (specialmente quella di un bambino). In una situazione normale si può affermare che i canali letterari, artistici e dei media rappresentano una certa realtà; il critico la interpreta nel linguaggio di un certo medium che è facilmente comprensibile per il pubblico; le discipline umanistiche lo fanno nel proprio metalinguaggio che comprende termini rigidi e metafore; le scienze e le scienze naturali lo fanno in rigidi sistemi terminologici (e il processo di interpretazione ha luogo) fino ad arrivare ai linguaggi formali e artistici. Attraverso i linguaggi oggetto un essere umano riconosce le sue relazioni con il mondo e attraverso l'apprendimento e l'uso di metalinguaggi forma la propria identità individuale. La cultura fa lo stesso. Più linguaggi descrittivi una cultura possiede, più numerose sono le possibilità di autoidentificazione e di creazione di una propria identità della cultura.

Semiotica della cultura

La semiotica della cultura ha i mezzi per analizzare linguaggi molto diversi della cultura, non solo attraverso i processi di comunicazione che hanno luogo in una cultura, ma anche nel vedere questi processi come autocomunicazione della cultura. Durante l'analisi dell'autocomunicazione si arriva inevitabilmente alla definizione di identità della cultura. Nel mondo d'oggi, tra processi globali e locali esiste un campo di tensione nel quale hanno luogo molti fenomeni ibridi e ambivalenti. Per questo è particolarmente importante capire che il bisogno di individui e società di autodefinirsi, di definire la propria identità, e la semiotica della cultura stanno diventando sempre più rilevanti nel raggiungere questa comprensione. In questo contesto, sistema di segni e linguaggio diventano sinonimi e il concetto di «linguaggio» viene metaforizzato, specialmente quando si aggiunge il concetto di «sistema modellizzante». Emerge un campo di concetti: linguaggio-sistema di segni-sistema modellizzante, inoltre linguaggio oggetto e metalinguaggio sono differenziati.

La somiglianza tra i concetti di linguaggio (culturale) e sistema di segni nella semiotica della cultura dà la possibilità di distinguere tra due approcci tipologici. La prima distinzione è basata sulla giustapposizione dei sistemi modellizzanti primario e secondario.

I Linguaggio come sistema modellizzante primario

II Sistemi modellizzanti secondari:

(1) linguaggio come sistema segnico più alto (mito, letteratura, poesia),

(2) linguaggio come metalinguaggio o parte di un metalinguaggio (critica e storia dell'arte, musica, danza, cinema, eccetera), e

(3) linguaggio come modello o analogo (linguaggio del cinema, danza, musica, pittura, eccetera).

Secondo questa classificazione, il linguaggio come sistema modellizzante primario rappresenta i metodi principali di pensiero e comunicazione degli esseri umani. Come sistema modellizzante

secondario, il linguaggio conserva l'esperienza collettiva della cultura e riflette la sua creatività. In quanto metalinguaggio, il linguaggio naturale è traduttore e interprete di tutti i sistemi nonverbali, e dal punto di vista metodologico, specialmente durante gli anni Sessanta e Settanta, il linguaggio ha offerto all'analisi culturale la possibilità di cercare elementi (linguistici) discreti anche in quei campi della cultura dove il linguaggio naturale o non appartiene ai mezzi di espressione, o vi appartiene solo in parte.
La seconda distinzione è basata sulla possibilità di differenziare tra statica e dinamica nei linguaggi culturali:

I Statica:

(1) linguaggi continui (iconico-spaziali, nonverbali), e
(2) linguaggi discreti (linguaggi verbali).

II Dinamica:
(1) specializzazione di linguaggi culturali, e
(2) integrazione di linguaggi culturali:
  (a) autodescrizioni e metadescrizioni,
  (b) creolizzazione.

Mentre il livello della statica è basato sulla distinzione tra linguaggi verbali e nonverbali, il livello della dinamica è legato ai differenti ritmi di sviluppo delle diverse parti della cultura. Questo significa che durante qualsiasi momento nella cultura ci sono certi campi dove c'è un equilibrio tra creazione e interpretazione (critica, teoria, storia) ed è possibile parlare di specializzazione e di identità del campo. Allo stesso tempo, ci sono campi in cui, per via del veloce ritmo di sviluppo o di altri motivi, una divisione tra creazione e interpretazione crea il bisogno di integrare il campo all'interno della cultura. Questo si può fare principalmente in due modi: usando le autodescrizioni degli autori anche per l'interpretazione generale, o facendosi prestare strumenti di analisi da altri campi e, unendoli, creare nuovi linguaggi descrittivi creolizzati. Come risultato dei processi descrittivi, si può parlare di automodelli culturali. L'autodescrizione della cultura può essere vista come un processo che si muove in tre direzioni. L'automodello culturale è il risultato della prima direzione, il cui obiettivo è la massima somiglianza alla cultura esistente. Secondariamente, possono emergere automodelli culturali che differiscono dalla pratica culturale ordinaria e possono perfino essere stati progettati per cambiare quella pratica. Terzo, ci sono automodelli che esistono come autocoscienza culturale ideale, separati dalla cultura e non orientati verso essa. Con questa formulazione Lotman non esclude un conflitto tra la cultura e i suoi automodelli, ma la creazione di automodelli riflette la creatività della cultura. Negli anni Ottanta, Lotman ha descritto la creatività, richiamando il lavoro di Ilya Prigogine. Nell'articolo «La cultura come soggetto e oggetto per sé stessa» Lotman sostiene: «La questione principale della semiotica della cultura è il problema della generazione di senso. Ciò che chiamiamo "generazione di senso" è la capacità sia della cultura nel suo insieme sia delle sue parti di produrre, come risultato, nuovi testi non banali. I nuovi testi sono quei testi che emergono come risultato di processi irreversibili (nel senso dato da Ilya Prigogine), ad esempio testi che hanno un certo grado di imprevedibilità» (2000:640).

La semiotica della cultura è nata dalla comprensione che, in senso semiotico, la cultura è un sistema multilinguistico in cui, parallelamente ai linguaggi naturali, esistono sistemi modellizzanti secondari (mitologia, ideologia, etica, eccetera) che sono basati su linguaggi naturali, o che usano linguaggi naturali per la loro descrizione o spiegazione (musica, balletto) o per l'analogizazzione del linguaggio (linguaggio teatrale, linguaggio cinematografico). Il passo successivo è introdurre il concetto di «testo» come concetto principale della semiotica della cultura. Da un lato, il testo è la manifestazione del linguaggio, che lo usa in un certo modo. Dall'altro lato, il testo stesso è un meccanismo che crea linguaggi. Dal punto di vista metodologico, il concetto di «testo» è stato importante per la definizione del soggetto di analisi, visto che ha denotato sia gli oggetti testuali naturali (un libro, un'immagine, una sinfonia) sia oggetti testualizzabili (cultura come testo, comportamenti quotidiani e biografie, un'era, un evento). Il testo e la testualizzazione simboleggiano la definizione dell'oggetto di studio; la definizione o il quadro generale permette a sua volta la strutturazione dell'oggetto sia in livelli sia in unità strutturali, e anche la costruzione di un insieme o di un sistema coerente di questi livelli e unità. Lo sviluppo dei principi dell'analisi immanente in vari domini culturali è stato un campo di attività della semiotica della cultura. Eppure l'analisi di un oggetto definito è statica e il bisogno di tenere da conto anche la dinamica della cultura ha portato Jurij Lotman a introdurre il concetto di «semiosfera». Sebbene gli attributi della semiosfera assomiglino a quelli del testo (definibilità, strutturalità, coerenza), dal punto di vista dell'analizzabilità della cultura è un cambiamento importante. La cultura umana costituisce la semiosfera globale, ma questo sistema globale è composto da semiosfere di tempi diversi (la diacronia della semiosfera) e livelli diversi (la sincronia della semiosfera) intrecciate tra loro. Ogni semiosfera può essere analizzata come insieme indipendente, eppure bisogna ricordarsi che ogni insieme analizzato nella cultura è parte di un insieme più grande, il che è un principio metodologico importante. Allo stesso tempo, ogni insieme è composto da parti, che sono insiemi legittimi a sé stanti, anch'essi composti da parti, eccetera.

È un dialogo infinito di insiemi e parti e della dinamica dell'intera dimensione.
Tuttavia il testo rimarrà il concetto "centrale" della semiotica della cultura, dato che come termine può denotare sia un artefatto discreto sia un insieme astratto e invisibile (un testo mentale nella coscienza o nell'inconscio collettivo). L'aspetto testuale dell'analisi del testo sta ad indicare l'operazione con sistemi di segni, testi o combinazioni di testi chiaramente definiti; l'aspetto processuale dell'analisi del testo presuppone definizione, costruzione o ricostruzione dell'insieme. Pertanto l'analisi assembla il concreto e l'astratto, lo statico e il dinamico in un

unico concetto – il testo (Torop 2009).

Lo spazio di comunicazione può quindi essere ulteriormente diviso in comunicazione e metacomunicazione. I testi in questo spazio sono autonomi e descrivibili attraverso le relazioni di prototesto e metatesto, e la possibilità di fissare la loro quantità assicura l'analizzabilità della cultura. A questo livello, la cultura può essere descritta come un insieme di testi ed è possibile determinare il processo di creazione di nuovi testi da testi precedenti, che genera coesione nella cultura. Si potrebbe dire che descrivere questa coesione è un approccio statico allo spazio della cultura, basato sulla classificazione di proto- e metatesti. Un'altra possibilità è l'approccio dinamico, che deriva dalle relazioni intertestuali tra testi. L'intertestualità in questo contesto si riferisce alle relazioni testuali a livelli diversi: da parti di testo (citazione, allusione, reminiscenza, parafrasi, eccetera) a testi interi (parodia, plagio, travesti, eccetera). La descrizione intertestuale della cultura include le regole dell'operare con testi estranei. Ogni testo è legato da molti testi diversi attraverso riferimenti impliciti o espliciti e questi testi hanno sovrapposizioni e intrecciamenti e, come risultato di ciò, la descrizione intertestuale della cultura è una rete dinamica a cui mancano relazioni dirette causali, a differenza del caso della descrizione metacomunicativa. Perciò, lo spazio intertestuale è lo spazio di legami visibili e invisibili tra testi. In questo spazio, il testo è un processo sia dal punto di vista della sua creazione (dalla prima all'ultima versione) sia della sua ricezione e interpretazione. Abbiamo quindi motivo di parlare anche di intercomunicazione (vedi Figura 3).

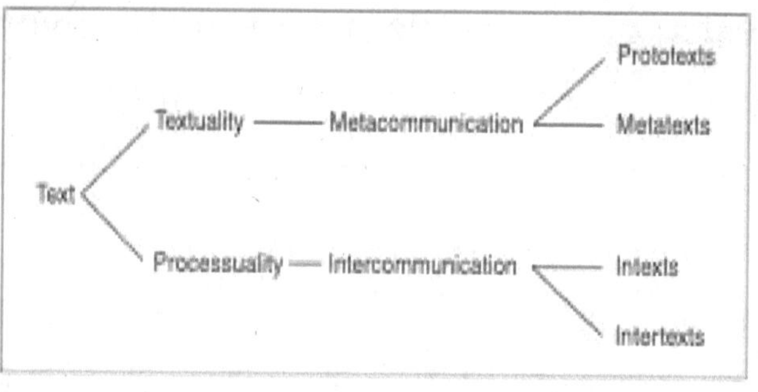

Figura 3 Metacomunicazione e intercomunicazione

Descrivere le relazioni testuali è produttivo ad almeno altri tre livelli. Innanzitutto, sia la meta- che l'intercomunicazione sono possibili non solo tra testi verbali, ma anche tra testi fissi in sistemi segnici diversi. Questo significa che nello spazio della cultura, è possibile descrivere qualsiasi testo intersemioticamente o che la comunicazione porta sempre un aspetto intersemiotico nella cultura. Questo viene espresso nella mediazione di parole con immagini nei libri illustrati e nelle ekphrasis come anche nella stesura di un balletto basato su un'opera letteraria o nei suoi adattamenti cinematografici, eccetera. Secondariamente, nella cultura i discorsi sono gerarchizzati.

Uno stesso messaggio può essere tradotto in diversi discorsi ed è possibile parlare di interdiscorsività o dell'esistenza del messaggio in diverse modalità e a diversi livelli della cultura. Perciò, lo spazio interdiscorsuale è anche spazio multimodale. In terzo luogo, in ogni cultura è possibile osservare i trasferimenti di un messaggio attraverso vari media e questo significa che è necessario usare anche il concetto di «intermedialità». Per esempio, l'adattamento cinematografico di un romanzo è da un lato descrivibile come traduzione intersemiotica e la sua analisi presuppone il paragone tra sistemi di segni verbali e audiovisivi. Dall'altro lato, tuttavia, la letteratura e il cinema sono due media diversi e, complementarmente, l'influenza del medium sul testo o il paragone tra letterarietà e cinematicità è importante. Di conseguenza, lo spazio della cultura è simultaneamente lo spazio di diversi sistemi di segni (intersemiotico), pratiche discorsive (interdiscorsivo) e media (intermediale). Queste tre dimensioni dello spazio della cultura permettono una maggiore versatilità nel descrivere i processi di comunicazione. Da questa prospettiva, una possibilità data da questa visione olistica della cultura è capire la cultura come processo di traduzione totale (Torop 2008, 2010, 2011).

La concezione originaria della dinamica della cultura nasce da W. A. Koch, fondatore della semiotica della cultura evoluzionistica. Koch ha visto la cultura come fenomeno le cui vere potenzialità integrative non sono ancora state interamente scoperte o esplorate. Per una semiotica così concepita, struttura e processo non sono fasi differenti della realtà e/o delle scienze, quanto piuttosto mere facce di un unico campo. La sua analisi semiotica sarà basata sulle premesse della macrointegrazione (o evoluzione) e della microintegrazione (cultura) (Koch 1989:v). Per la semiotica della cultura evoluzionistica, «evoluzione» significa dinamica dell'ambiente culturale come semiosi che si evolve prima dai media verbali e pittorici, poi verso media stampati e successivamente telemedia. Oggigiorno questo processo sta continuando nel contesto dei nuovi media. È un movimento dalla comunicazione immediata verso la diversificazione delle forme di comunicazione mediata e la comprensione di forme di comunicazione, con il valore culturale dell'evoluzione tecnologica che diventa parte sia della storia della scienza sia di quella della cultura.

Da una parte, lo studio della cultura sarebbe possibile attraverso la semiotizzazione delle discipline che studiano la cultura, che le avvicinerebbe all'essenza della cultura. La nascita del concetto di «antropologia semiotica» è un esempio di un tale sviluppo che, assieme alla capacità di analisi disciplinare, aumenterebbe il livello di analizzabilità della cultura (vedi Torop 2006). Dall'altra parte, la semiotica della cultura offre un approccio sistematico alla cultura e crea una metodologia complementare, che assicura la comprensione reciproca delle diverse discipline che studiano la cultura. Questa è la prospettiva di sviluppo della semiotica della cultura.

L'intersezione della cultura e delle discipline che studiano la cultura suscita domande espresse da Rastier, quelle riguardanti la transemiotica universale, e differenzia due poli rispetto allo studio della cultura: ci sono le scienze della cultura (sciences de la culture), rappresentate da Ernst Cassirer, e la semiotica delle culture (sémiotique des cultures) rappresentata dalla Scuola di Tartu.

Tra questi due poli sorgono le domande: una o più scienze? Cultura o culture? (Rastier 2001:163; vedi anche Posner 2005:292).

Esistono sforzi transdisciplinari tra la semiotica e molte altre discipline. L'antropologia semiotica possiede un valore metodologico notevole: «Un ulteriore vantaggio dell'antropologia semiotica per gli antropologi socioculturali di oggi è che supporta approcci più flessibili ed espansivi nel definire dove e comc possiamo svolgere la nostra ricerca» (Mertz 2007:345). Anche nell'archeologia possiamo individuare una simile collaborazione metodologica con la semiotica: la convinzione che la semiotica offra «un linguaggio comune con cui possiamo capire la struttura di approcci interpretativi contrastanti e comunicare attraverso queste barriere mentre allo stesso tempo riconosciamo la validità dei nostri diversi impegni teorici» (Preucel e Bauer 2001:93). La psicologia della cultura ha un forte interesse per la semiotica: «L'intero sistema di mediazione semiotica è visto come sistema gerarchico regolatore di significati che garantiscono il distanziamento psicologico della persona dal contesto del qui-e-ora» (Valsiner 2005:203). L'obiettivo non è mostrare tutti i contatti tra la semiotica e le altre discipline della ricerca culturale, piuttosto il valore dialogico della semiotica.

In entrambi i casi di cultura come oggetto di studio e scienze che svolgono ricerche sulla cultura come oggetti di studio, è opportuno ricordare l'immagine di Umberto Eco che emerse dalla lettura di Lotman: «Se mettiamo insieme molti rami e una gran quantità di foglie, non possiamo certo cogliere la foresta. Ma se noi sappiamo come camminare attraverso la foresta della cultura con i nostri occhi ben aperti, seguendo fiduciosamente i numerosi cammini che la incrociano, non solo saremo in grado di capire meglio la vastità e la complessità della foresta, ma saremo anche in grado di scoprire la natura delle foglie e dei rami di ogni singolo albero».

La semiotica della cultura è orientata disciplinarmente all'analisi complessa della cultura, dove è importante trovare un equilibrio tra la comprensione delle parti e del tutto, tra statica e dinamica. La specificità della semiotica della cultura sta nel capire la complementarità tra processi di comunicazione nella cultura e autocomunicazione della cultura. L'analisi storica della cultura comprende la ricerca tipologica dei linguaggi autodescrittivi della cultura, la coesistenza di questi linguaggi e la reciproca traducibilità tra di loro. La cultura contemporanea è un insieme dinamico e multilinguistico dove ogni atto innovativo, da un nuovo romanzo, a una mostra o un film, fino a un importante evento sociale, esiste nella cultura come qualcosa di imprevedibilmente nuovo. Questo nuovo diventerà parte della cultura solo dopo essere stato descritto per la cultura, quando per la sua ricerca si troveranno strumenti semiotici, e quando attraverso gli adattamenti e le trasformazioni di questa nuova componente della cultura in altre forme culturali, si creerà un sistema di metalinguaggio per interpretare il nuovo fenomeno culturale. La semiotica della cultura serve come strumento per la complessa analisi della cultura e anche per sintetizzare le esperienze ottenute da altre discipline che studiano la cultura. Lo sviluppo disciplinare della semiotica della cultura è allo stesso tempo uno sviluppo interdisciplinare del dialogo tra cultura e discipline umanistiche, da una parte, e tra diverse discipline che studiano la cultura, dall'altra.

Argomenti correlati

Cultura e traduzione; lingua e cultura nella comunicazione interculturale; linguistica della cultura; lingua, cultura e identità; linguaggio e script culturali; linguaggio, cultura e cognizione spaziale; spazio, tempo e spaziotempo: metafore, mappe e fusioni; linguaggio, genere e contesto; linguaggio e cultura nell'antropologia cognitiva; etnolinguistica.

Letture supplementari

Capozzi, Rocco (a cura di) 1997. Reading Eco. An Anthology. Bloomington, Indianapolis: Indiana University Press. (Questa raccolta offre una visione d'insieme molto buona della semiotica della cultura di Eco e delle sua ricezione scientifica.)

Koch, Walter A. (a cura di) 1990. Semiotics in the Individual Sciences. Volumi1-2. Bochum: Brockmeyer Universitätsverlag. (Questo volume offre una visione d'insieme molto buona di campi diversi della semiotica della cultura: studi letterari, linguistica, antropologia, arte, eccetera.)

Lotman, Yuri M. 2000. Universe of the Mind. A Semiotic Theory of Culture. Bloomington, IN: Indiana University Press. (Quest'opera è la fonte migliore per capire i concetti di base della semotica della cultura: testo, semiosfera, memoria della cultura.)

Lotman, Jurij 1993. La cultura e l'esplosione: prevedibilità e imprevedibilità, Milano: Feltrinelli. (Questa è un'opera importante sulla dinamica della cultura, l'imprevedibilità nei cambiamenti della cultura e la ricerca di nuovi linguaggi descrittivi.)

Salupere, Silvi, Torop, Peeter, e Kull, Kalevi (a cura di) 2013. Beginnings of the Semiotics of Culture. Tartu Semiotics Library 13. Tartu: University of Tartu Press. (Visione d'insieme della storia della semiotica della cultura e raccolta di testi programmatici della Scuola di semiotica di Tartu-Mosca.)

Riferimenti bibliografici

Barthes, Roland 1966, 1922. Elementi di semiologia, Torino: Einaudi.

Eco, Umberto 1975. Trattato di semiotica generale, Milano: Bompiani.

Eco, Umberto 2000. «Introduction». In: Lotman, Yuri, Universe of the Mind: A Semiotic Theory of Culture. Bloomington, IN: Indiana University Press, vii-xiii.

Eimermacher, Karl 1974. Ju. M. Lotman. «Bemerkungen zu einer Semiotik als integrativer Kulturwissenschaft». In: Lotman, Jurij M. Aufsätze zur Theorie und Methodologie der Literatur und Kultur. (Eimermacher, Karl) Kronberg Ts.: Scriptor, vii-xxv.

Ivanov, Vyacheslav 1978. «The Science of Semiotics». New Literary History, 9:2, 199-204.

Jakobson, Roman 1971a [1959]. «On linguistics aspects of translation». In: Jakobson, Roman, Selected Writings. II. Word and Language. The Hague: Mouton, 260-6.

Jakobson, Roman 1971b [1961]. «Linguistics and communication theory». In: Jakobson, Roman, Selected Writings II. Word and Language. The Hague: Mouton, 570-9.

Jakobson, Roman 1971c [1967]. «Linguistics in relation to other sciences». In: Jakobson, Roman, Selected Writings. II. Word and Language. The Hague: Mouton, 655-95.

Jakobson, Roman 1971d [1968]. «Language in relation to other communication systems». In: Jakobson, Roman, Selected Writings. II. Word and Language. The Hague: Mouton, 697-708.

Jakobson, Roman 1985a [1956]. «Metalanguage as a linguistic problem». In: Jakobson, Roman, Selected Writings. VII. Contributions to Comparative Mythology. Studies in Linguistics and Philology, 1972-1982. Berlin: Mouton, 113-21.

Jakobson, Roman 1985b [1974]. «Communication and society». In: Jakobson, Roman, Selected Writings. VII. Contributions to Comparative Mythology. Studies in Linguistics and Philology, 1972-1982. Berlin: Mouton, 98-100.

Koch, A. Walter 1989. «Bochum publications in evolutionary cultural semiotics: Editorial». In: Koch, Walter A. (a cura di), Culture and Semiotics. Bochum: Studienverlag Dr. Norbert Brockmeyer, V.

Lévi -Strauss, Claude 1966. Antropologia strutturale. Milano: Il Saggiatore.

Lotman, Jurij 1973. Materialy k kursu teorii literatury. 2: Stat'i po tipologii kul'tury. Tartu: Tartuskij gosudarstvennyj universitet.

Lotman, Jurij 2000. «Kul'tura kak subjekt i sama-sebe objekt» (La cultura come soggetto e oggetto per se stessa). J. Lotman. Semiosfera [Semiosphere]. Sankt-Peterburg: Iskusstvo-SPB, 639-47.

Lotman, Juri, Ginzburg, Lidiya, Uspenskij, Boris 1985. The Semiotics of Russian Cultural History. Ithaca, NY and London: Cornell University Press, 1985.

Lotman, Juri M. and Uspenski, Boris A. 1984. The Semiotics of Russian Culture. (Michigan Slavic Contributions 11.). Ann Arbor, MI: Department of Slavic Languages and Literatures, University of Michigan.

Mertz, Elizabeth 2007. Semiotic anthropology. Annual Review of Anthropology 36, 337-53.

Posner, Roland 2005. Basic tasks of cultural semiotics. In: Williamson, Rodney; Sbrocchi, Leonard G.;

Deely, John (a cura di), Semiotics 2003: Semiotics and National Identity.

New York, Ottawa, Toronto: Legas, 307-53.

Preucel, Robert W. and Bauer, Alexander A. 2001. Archaeological pragmatics. Norwegian Archaeological Review 34:2, 85-96.

Rastier, François 2001. Sémiotique et sciences de la culture. LINX 44:1, 149-66.

Torop, Peeter 2006. «Semiotics, anthropology and the analysability of culture». Sign Systems Studies 34.2, 285-315.

Torop, Peeter 2010. La traduzione totale. Tipi di processo traduttivo nella cultura. Milano: Hoepli.

Torop, Peeter 2011. Tõlge ja kultuur (Traduzione e cultura). Tartu: Tartu University Press, 2011.

Torop, Peeter 2009. «Lotmanian explosion». In: Juri Lotman. Culture and Explosion. Berlin, New York: Walter de Gruyter, xxvii-xxxix.

Torop, Peeter 2008. «La traduzione come comunicazione e autocomunicazione». Libri e riviste d'Italia (73-91). Roma: Iacobelli.

Valsiner, Jaan 2005. 'Scaffolding within the structure of Dialogical Self: Hierarchical dynamics of semiotic mediation'. New Ideas in Psychology 23:197-206.

Dello stesso editore

Poesia

Osip Mandel'štàm, Pietra (edizione cartacea: La Vita Felice)
Osip Mandel'štàm, Tristia. Secondo libro (edizione cartacea: La Vita Felice)
Osip Mandel'štàm, Quaderni di Mosca (edizione cartacea: La Vita Felice)

Anna Achmàtova, Stormo bianco (edizione cartacea: La Vita Felice)
Anna Achmàtova, Rosario (edizione cartacea: La Vita Felice)
Anna Achmàtova, Sera (edizione cartacea: La Vita Felice)
Anna Achmàtova, Tutte le poesie

Marina Cvetàeva Mestiere (edizione cartacea: La Vita Felice)
Marina Cvetàeva Accampamento dei cigni-Separazione (edizione cartacea: La Vita Felice)
Marina Cvetàeva Verste. Poesie 1916-1920 (edizione cartacea: La Vita Felice)
Marina Cvetàeva È ora di spegner la lanterna. Ultime poesic 1936-1941

Aleksandr Blok Bolle di terra - Viola notturna - Maschera di neve
Aleksandr Blok Crocevia (edizione cartacea: La Vita Felice)
Aleksandr Blok Città (edizione cartacea: La Vita Felice)
Aleksandr Blok Poesie sulla bellissima dama
Aleksandr Blok Ante Lucem

Dino Campana Tutte le poesie
Vladìmir Majakovskij Tutte le poesie (1912-1930)
T.S.Eliot Canzone d'amore di J. Alfred Prufrock
Cantico dei cantici
Bruno Osimo Spazio intorno allo squalo
Bruno Osimo Poesie dall'ospedale psichiatrico
Bruno Osimo Poesie apocrife di Anna Ahmàtova
Bruno Osimo A Silva
Bruno Osimo Per tenerti la mano tra coyote e cinghiale
Bruno Osimo Sguardi rubati ; Gianpaolo Tescari
Bruno Osimo Bolle d'accompagnazione
Bruno Osimo Proposta sibillina
Bruno Osimo Ce l'hai scarico da un pezzo
Bruno Osimo Sei un vaso di fiori di campo
Bruno Osimo La scoiattola d'autunno

Semiotica

Bruno Osimo Semiotica semplice
Bruno Osimo Semiotics for Beginners
Bruno Osimo Semiotica per principianti
Lev Vygótskij, Pensiero e parola
Charles Sanders Peirce Filosofia della mente
Jurij Lotman Il testo nel testo
Jurij Lotman Le tre funzioni del testo
Jurij Lotman Autocomunicazione: «Io» e «Un altro» come destinatari
Jurij Lotman Le mie memorie 1922-1940
Jurij Lotman La semiosfera: culture
Jurij Lotman La cultura e l'intelligentnost'
Jurij Lotman Il ruolo dell'arte nella cultura
Jurij Lotman Asimmetria e dialogo
Jurij Lotman Il modello della struttura bilingue
Peeter Torop La semiotica della cultura. Introduzione alla scuola di Tartu fondata da Lotman.

Peeter Torop Biografia privata di Lotman attraverso gli autoritratti. Il discorso interno di uno studioso
Peeter Torop La transmedialità dell'autocomunicazione della cultura
Peeter Torop Sugli inizi della semiotica della cultura alla luce delle tesi della scuola di Tartu-Mosca

Opere di Gógol'

La lettera scomparsa
Notte di maggio ovvero L'annegata
La sera della vigilia di Ivàn Kupàla
La fiera di Soróčinci
Memorie di un pazzo

Opere di Solženìcyn

L'arresto. Vivere e morire ai tempi dei gulag
L'istruttoria. Torture, false confessioni, gulag
Storia delle fogne russe. Ondate di deportazione in gulag
La donna in lager. Vita quotidiana nei gulag

Opere di Čechov

Dùšečka
Zio Vanja
Tre sorelle
Il gabbiano
Il giardino dei ciliegi (L'amareneto)
L'insegnante di lettere
Dama con cagnolino: racconto
Casa con mezzanino (racconto di un pittore)
Racconto della signora X
L'isola di Sachalìn
La dacia nuova
A proposito dell'amore
I mužikì

Alle feste di Natale
Per affari di servizio
Nel baratro
Tre anni
Il duello
Ionyč: racconto
L'arciereo: racconto
La sposa: racconto
Kaštanka: racconto
Ragazzi: racconto
Principessa: racconto

Opere di Tolstój

Imparare a scrivere dai bambini
Infanzia
Non uccidere nessuno
Non posso stare zitto Contro la pena di morte
Su ciò che viene chiamato «arte»
Il Vangelo spiegato ai bambini
Il parassitismo
Sonata «Kreutzer»
Il desiderio sessuale
Religione e morale
Perché la gente si droga?
Perché non mangio la carne

Opere di Dostoevskij

Notti bianche
Memorie dal sottosuolo
Il villaggio di Stepànčikovo e i suoi abitanti

Opere di Leskóv

L'ebreo in Russia
Il pellegrino incantato. Il mancino

L'angelo sigillato. L'ebreo in Russia

Opere di Bulgàkov

Comune operaia № 13
Il mago nero
Ho ucciso e altri racconti

Opere di Pùškin

Evgénij Onégin

Fiabe popolari

Sivko-burko
Fiaba su Ivàn-zarévič, sull'uccello-brace e sul lupo grigio
Vasilìsa la bellissima. La sorellina volpina. Ivàn Zarévič

Sulla traduzione

Peeter Torop Total Translation
Vlahov Florin The Translation of Realia
B., S.A. Osimo Cognitive distortion, translation distortion, and poetic distortion as semiotic shifts
Bruno Osimo On Psychological Aspects of Translation
Bruno Osimo Literary translation and terminological precision: Chekhov and his short stories
Bruno Osimo Basic notions of Translation Theory
Bruno Osimo Translation Studies. Contributions from Eastern Europe
Bruno Osimo Handbook of Translation Studies
Bruno Osimo Juri Lotman's Translation Handbook
Bruno Osimo Dictionary of Translation Studies
Bruno Osimo History of Translation
Bruno Osimo Roman Jakobson's Translation Handbook
Bruno Osimo The Translation of Culture
Bruno Osimo Prototext-metatext translation shifts

Anton Popovič La scienza della traduzione
Peeter Torop La traduzione totale
Aleksandar Lûdskanov Un approccio semiotico alla traduzione
Vlahov Florin La traduzione dei realia
Revzin Rozencvejg Manuale di semiotica della traduzione
Jiří Levý La creatività linguistica e letteraria del traduttore
Jiří Levý Stile letterario e stile traduttivo. Come si forma il traduttese
Zuzana Jettmarová Teoria ceca della traduzione
B., S.A. Osimo Distorsione cognitiva, distorsione traduttiva e distorsione poetica come cambiamenti semiotici
Bruno Osimo Manuale del traduttore di Giacomo Leopardi
Bruno Osimo Peeter Torop per la scienza della traduzione
Bruno Osimo La traduzione totale. Spunti per lo sviluppo della scienza della traduzione
Bruno Osimo Teoria della mediazione linguistica
Bruno Osimo Traduzione come metafora, traduttore come antropologo
Bruno Osimo La memoria della cultura: traduzione e tradizione in Lotman
Bruno Osimo Traduzione e nuove tecnologie
Bruno Osimo Terminologia semiotica e scienza della traduzione
Bruno Osimo La lingua non salvata
Bruno Osimo Traduzione giuridica e scienza della traduzione
Bruno Osimo Traduzione della cultura
Bruno Osimo Traduzione letteraria e precisione terminologica
Bruno Osimo Traduzione e qualità
Bruno Osimo Traduzione: aspetti mentali
Bruno Osimo La traduzione totale di Peeter Torop

Fuori collana

Federico Bario Come batteva il tamburo
Aleksandr Ânov Le origini dell'autocrazia
Anatolij Rybakov Gli anni del grande terrore
Raffaello Giovagnoli Spartaco
Mihail Arcybašev Sangue
Mikhail Artsybashev Blood
Julija Voznesenskaja Decamerone delle donne
Solomon Volkov Pietroburgo. Storia culturale
Solomon Volkov Šostakovič e Stalin: l'artista e lo zar
Howard Rheingold Comunità virtuali
Bruno Osimo Il poeta in affari veniva da molto lontano
Bruno Osimo Esercizi di stile traduttivo
Bruno Osimo Melanzane dall'antipasto al dolce
Bruno Osimo Dizionario di psicoanalisi
Lucilla Porta, Una sorta di affetto. Romanzo
Tamara Nigi, Stazioni di transito. Haiku scritti sull'acqua
Poesia nascosta. Seicento ricette di cucina ebraica in Italia
Graziella Colonna, Memorie 1927-2024

www.ingramcontent.com/pod-product-compliance
Ingram Content Group UK Ltd.
Pitfield, Milton Keynes, MK11 3LW, UK
UKHW012253290726
14090UKWH00016B/613